Heike Baller

17-Silben-Krimis

60 nicht nur blutige Haiku

Heike Baller

17-Silben-Krimis

60 nicht nur blutige Haiku

Von Heike Baller bereits erschienen:

Mein Jahr in Haiku
Stadt - Natur

Impressum

Bibliografische Information der Deutschen Nationalbibliothek:
Die Deutsche Nationalbibliothek verzeichnet diese Publikation in der Deutschen Nationalbibliografie; detaillierte bibliografische Daten sind im Internet über http://dnb.dnb.de abrufbar.

© 2023 Heike Baller

Fotos: Heike Baller

Herstellung und Verlag: BoD – Books on Demand, Norderstedt

ISBN: 9783734706509

„Versichert?" – „Klar – Risiko!"

„Die Steckdose streikt."

Ein Haushaltsunfall.

„Dein Hund ist ja toll."

„Magst du ihn streicheln?" – „Aua!"

Tot nach 5 Tagen.

Die Axt war echt.

Der Baum ein Mensch.

Im Fasching treffen sie einander.

Sie weiß es.

Sie solls nie sagen.

Sie schweigt - und trinkt Moët & Chandon.

Frauenleiche.

Indizien: Täter männlich!

Doch die Schrittlängen …

Schutzgeld verweigert.
Die Küche bleibt kalt.
Nur Mario al forno.

Romanhafter Traum.

Wird Wirklichkeit!

Denkste. Am Ende bleibt nur Tod.

Streitende

„Ich verlass dich!"- „Für immer …"

Messer im Fach. Streit-Ende

Die Treppe – Gefahr?
Nein, die Hand der Nichte stützt.
Jetzt nicht mehr … Ein Sturz.

Brücke zum Erfolg.
Für Lobbyisten: Schmiergeld.
Minister stolpert.

Bitterer Kaffee?

Erzählung von Giftmorden.

Sadists Methode.

High-Noon-Duell –
Kamera läuft. Ton ab.
Billy the kid stirbt sehr echt.

Niemand sieht's.
Er schwimmt. Er sinkt. Ertrinkt.
Ihr Hobby: Apnoe-Tauchen.

Treppenschacht. Licht. Schatten.
Licht. Schatten. Schritte. Stoß.
Kein Schrei. Handy weg.

Galeriefundstück.

Meisterwerk! Schnäppchen!

Galerist liebt Fundstücke …

Du bist mein alles.

Nur für mich sollst du da sein.

Dein Grab im Garten.

Leid beenden.

Spritze setzt geübte Hand – heimlich.

Letzter Seufzer.

Raser. Peilt Passantin an –
der Jeep ruckelt drüber.
Done. Weiterfahrt.

Das Hackebeilchen blitzt,
die Kehle wird trocken.
Bis zum Auftreffen.

Innere Stimme?

Lautsprecher, verdeckt, flüstert,

empfiehlt sanft: Selbstmord.

Theaterblut.

Hamlet fiel. Der Vorhang fällt. Applaus.

Hamlet liegt still.

Krank im Frühling.

Maiglöckchenschmuck.

Sein Wasser kann die Kehle kühlen.

Torso: 11 Stiche – Büttenredner büßt für Witz. Vor Aschermittwoch.

So ein Zirkus!

Wegen nichts.

Hochseilakt – Sicherungsseil unsicher.

Madonnenantlitz.

Bezaubert. Fordert. – „Nein?!"

Mordlust brennt. Pistole.

Die Saite

zog sich enger zusammen,

bis ihr Ton röchelnd erstarb.

„Blausäure" von Christie. So spannend!

Medizin zum Tee.

Erbin tanzt.

Bella Donna!

Als Geister rufen,

folgt sie seinem Plan – ihnen nach.

Schenkt geiles Gefühl.

Grenzüberschreitend.

Gras – immer gern geschoben.

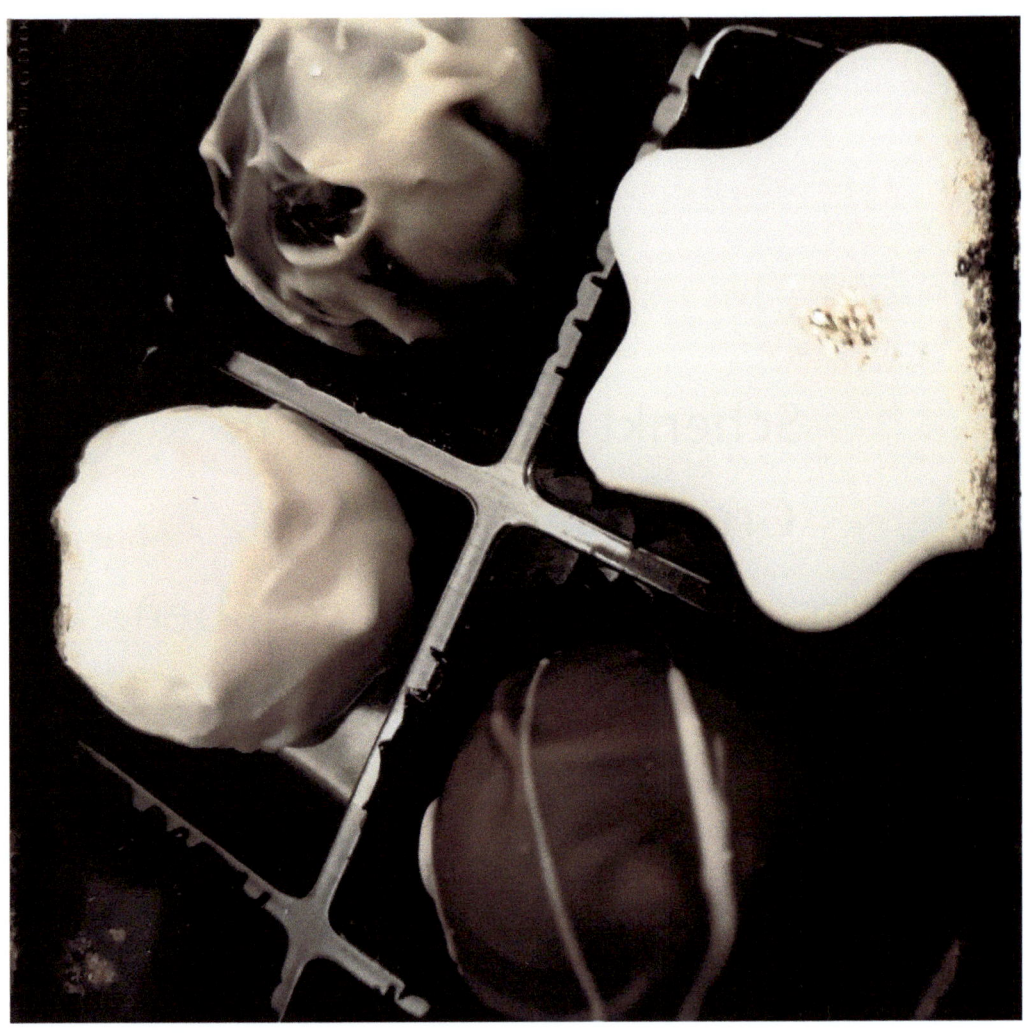

Verschlossener Schrank!

Schlüssel versteckt.

Vinzenz findet - Schokolade.

„Amen!" Blick zur Orgel.

„Oh …!" - Pfeil sirrt schnell.

Priester sinkt langsam. Amen.

Liebe in modern: poliamor.
Zu dritt? Zu viert?
Zwei hassen sich.

Kätzchen, lieb und wert.

Catnapper wissens und handeln.

Der Euro rollt.

Beste Schokolade!

Marzipangefüllt!

Wieso jetzt Atemnot?

Pizzabote flitzt.

Carciofi, Capriccio, Cocaine –

all inclusive.

.

Nach altem Brauch:
Heimliche Fundamentstärkung.
Des Kindsmörders Haus

Ohne Obdach. Mit Wissen.
Gefahrtrotzend nachts allein.
Messer. Tot. Im Schlaf.

Morgenlicht leuchtet schön –

ungesehen

von geblendeter Merle.

Das Handy klingelt.
Ins Leere, am offnen Fenster
im zehnten Stock.

Morgenausritt –
Baumstamm-Hindernis.
Elegant ins verdeckte Loch.

Einmal hats geklappt.

Auch zwei Mal.

Dritte Frau. Suizidal. Oder?

Twitter weiß es.

Die Welt weiß es. Sie erfährts.

Die Polizei findet ihn.

Niedrigwasser.

Aufgetauchte Radleiche

Und wo ist der Mensch?

Warnung übersehn.

Augen plauderns aus: Gier!

Blindes Vertrauen. Tod.

Mannequins Ende -
Strass-Brosche zu tief gesteckt.
Eitle Eifersucht.

Müllcontainer – versiegelt.

Heute besonders schwer.

Sven war halt dick.

Eine Sekunde zu spät
zieht er sie weg, als der Baum fällt.
Nach Plan.

Dieses Gesicht!

Betäubt! Chirurg setzt's Messer an.

Ciao Hippokrates!

Liebesnest im Wald.
Der kleine wurde nur für ihn
zum großen Tod.

Verdrängt, vergessen.

Andere erinnern sich.

Erpressung. Tödlich.

Schmuck-Katana.

Der Nagel ist leer.

Schwert der Bestimmung zugeführt.

Perlenschmuck perdu –
Hausgäste durchsucht.
Knallerbsenstrauch als Deko.

Schimmelpilzkäse.

Brutstätte: Emmas Laden.

Zu teuer bezahlt.

Hochzeitsnacht.
Braut findet ihn leblos – erdolcht.
Sein Lover wohnt im Haus.

Üble Nachrede,
aus altem Wissen – hilft
beim Sprung von der Brücke.

Für sie von Wert!
Kidnapping-Fake
lässt ihre Rubel für ihn rollen.

Der Hochzeitskonvoi –
sein Hupkonzert übertönt
den Schalldämpferknall.

1812: John ist verschwunden!

Sein Hut im Moor!

John in York?

Herrenhuther Keramik-Stern –

leuchtet über dir.

Bindfaden hält?

Brutale Gewalt!

Er wars! Blauäugig zeiht sie ihn.

Das wars. Für ihn.

Ein paar Worte zum Schluss

In der Adventszeit 2022 gab es in meinem Blog „Kölner Leselust" 24 Krimi-Haiku.
Oder Haiku-Krimi?
Auf jeden Fall 24 Mal 17 Silben voller Spannung.

Nach Überarbeitungen und mit Ergänzungen finden Sie hier nun 60 kleine Krimis.
In Form von Haiku.

Auch wenn es Krimi-Themen sind – Haiku bleiben Gedichte. So wollen sie gelesen werden: Nicht hintereinander weg, sondern peu à peu und vielleicht auch wiederholt.

Oder versuchen Sie es mal mit lautem Lesen.

Ich hatte großen Spaß daran, Anspielungen, Wortspielereien und anderes einzubauen. Welche zusätzlichen Ebenen können Sie im Text entdecken?

Und nein – die Auflösung ist nicht immer eindeutig …

Noch ein paar Worte zur Form:
In meinem ersten Band „Mein Jahr in Haiku" habe ich ganz streng darauf geachtet, die im Deutschen übliche Silbenform 5 -7- 5 für Haiku einzuhalten.

Als ich damit begann, meinen Workshop zu Haiku vorzubereiten, habe ich viele fremdsprachige Haiku (auf Englisch, Französisch, teils auf Niederländisch – mit Übertragungen 😉) gelesen, mich bei Fachleuten kundig gemacht – was man halt so tut, wenn man anderen was erzählen will. Und dabei festgestellt, dass diese Form weder im Japanischen – gut, das hat mich jetzt nicht so wirklich überrascht – noch in den anderen europäischen Sprachen üblich ist.
Teilweise spielt noch nicht einmal die Größe „17 Silben" eine Rolle.

Im Japanischen sind es nämlich „Moren". Eine More ist ein Silbengewicht – und das ist sehr unterschiedlich. „Tokyo" z. B. hat 4 Moren – das „k" hat eigenes Gewicht …

Das lässt sich in europäischen Sprachen im Grunde nicht umsetzen. Eine lange Silbe hat zwar auch bei uns mehr Gewicht – in Moren gerechnet – als eine kurze. Das hat aber im Sprachvollzug und -bewusstsein keine Bedeutung. Deshalb lautet mein „Rezept" jetzt: 17 Silben, aber nicht mehr streng in der Form 5 -7 -5.

Herzliche Grüße
Ihre Heike Baller

PS: Mein Blog „Kölner Leselust" finden Sie im WWW unter https://www.koelner-leselust.de – da gibt es immer mal wieder weiter Haiku …

Köln, im Januar 2023